PERSONAL KONTAKTE
ADRESSBUCH

Das Pocket Size Adressbuch

www.journalsrus.com

Personal Kontakte Adressbuch
Copyright © 2016 Ciparum LLC
All rights reserved.
ISBN-10:1-63589-124-8
ISBN-13:978-1-63589-124-9

Inhaltsverzeichnis

Name	Seite		Name	Seite

Name	Seite		Name	Seite

THIS PAGE IS INTENTIONALLY
LEFT BLANK.

NAME..

ADDRESSE..

....

MOBIL ....

ZUHAUSE#..

ARBEIT #..

FAX..

EMAIL..

NAME..

ADDRESSE..

....

MOBIL ....

ZUHAUSE#..

ARBEIT #..

FAX..

EMAIL..

NAME..

ADDRESSE..

....

MOBIL ....

ZUHAUSE#..

ARBEIT #..

FAX..

EMAIL..

NOTIZEN:

NAME...
ADDRESSE...
....
MOBIL ....
ZUHAUSE#...
ARBEIT #...
FAX..
EMAIL...

NAME...
ADDRESSE...
....
MOBIL ....
ZUHAUSE#...
ARBEIT #...
FAX..
EMAIL...

NAME...
ADDRESSE...
....
MOBIL ....
ZUHAUSE#...
ARBEIT #...
FAX..
EMAIL...

NOTIZEN:

NAME..

ADDRESSE..

....

MOBIL ....

ZUHAUSE#..

ARBEIT #..

FAX...

EMAIL..

NAME..

ADDRESSE..

....

MOBIL ....

ZUHAUSE#..

ARBEIT #..

FAX...

EMAIL..

NAME..

ADDRESSE..

....

MOBIL ....

ZUHAUSE#..

ARBEIT #..

FAX...

EMAIL..

NOTIZEN:

NAME...
ADDRESSE..
....
MOBIL ....
ZUHAUSE#..
ARBEIT #...
FAX...
EMAIL..

NAME...
ADDRESSE..
....
MOBIL ....
ZUHAUSE#..
ARBEIT #...
FAX...
EMAIL..

NAME...
ADDRESSE..
....
MOBIL ....
ZUHAUSE#..
ARBEIT #...
FAX...
EMAIL..

NOTIZEN:

4

NAME..

ADDRESSE..

....

MOBIL ....

ZUHAUSE#..

ARBEIT #..

FAX...

EMAIL...

NAME..

ADDRESSE..

....

MOBIL ....

ZUHAUSE#..

ARBEIT #..

FAX...

EMAIL...

NAME..

ADDRESSE..

....

MOBIL ....

ZUHAUSE#..

ARBEIT #..

FAX...

EMAIL...

NOTIZEN:

NAME..
ADDRESSE..
....
MOBIL ....
ZUHAUSE#..
ARBEIT #...
FAX..
EMAIL...

NAME..
ADDRESSE..
....
MOBIL ....
ZUHAUSE#..
ARBEIT #...
FAX..
EMAIL...

NAME..
ADDRESSE..
....
MOBIL ....
ZUHAUSE#..
ARBEIT #...
FAX..
EMAIL...

NOTIZEN:

NAME...

ADDRESSE..

....

MOBIL ....

ZUHAUSE#..

ARBEIT #...

FAX..

EMAIL..

NAME...

ADDRESSE..

....

MOBIL ....

ZUHAUSE#..

ARBEIT #...

FAX..

EMAIL..

NAME...

ADDRESSE..

....

MOBIL ....

ZUHAUSE#..

ARBEIT #...

FAX..

EMAIL..

<u>NOTIZEN:</u>

NAME...
ADDRESSE..
....
MOBIL ....
ZUHAUSE#..
ARBEIT #...
FAX..
EMAIL...

NAME...
ADDRESSE..
....
MOBIL ....
ZUHAUSE#..
ARBEIT #...
FAX..
EMAIL...

NAME...
ADDRESSE..
....
MOBIL ....
ZUHAUSE#..
ARBEIT #...
FAX..
EMAIL...

NOTIZEN:

8

NAME...

ADDRESSE...

....

MOBIL ....

ZUHAUSE#...

ARBEIT #...

FAX...

EMAIL..

NAME...

ADDRESSE...

....

MOBIL ....

ZUHAUSE#...

ARBEIT #...

FAX...

EMAIL..

NAME...

ADDRESSE...

....

MOBIL ....

ZUHAUSE#...

ARBEIT #...

FAX...

EMAIL..

NOTIZEN:

NAME..
ADDRESSE...
....
MOBIL ....
ZUHAUSE#...
ARBEIT #..
FAX...
EMAIL...

NAME..
ADDRESSE...
....
MOBIL ....
ZUHAUSE#...
ARBEIT #..
FAX...
EMAIL...

NAME..
ADDRESSE...
....
MOBIL ....
ZUHAUSE#...
ARBEIT #..
FAX...
EMAIL...

NOTIZEN:

10

NAME..

ADDRESSE...

....

MOBIL ....

ZUHAUSE#..

ARBEIT #..

FAX..

EMAIL...

NAME..

ADDRESSE...

....

MOBIL ....

ZUHAUSE#..

ARBEIT #..

FAX..

EMAIL...

NAME..

ADDRESSE...

....

MOBIL ....

ZUHAUSE#..

ARBEIT #..

FAX..

EMAIL...

NOTIZEN:

NAME..

ADDRESSE...

....

MOBIL ....

ZUHAUSE#..

ARBEIT #...

FAX...

EMAIL...

NAME..

ADDRESSE...

....

MOBIL ....

ZUHAUSE#..

ARBEIT #...

FAX...

EMAIL...

NAME..

ADDRESSE...

....

MOBIL ....

ZUHAUSE#..

ARBEIT #...

FAX...

EMAIL...

NOTIZEN:

NAME...

ADDRESSE..

....

MOBIL ....

ZUHAUSE#...

ARBEIT #..

FAX..

EMAIL..

NAME...

ADDRESSE..

....

MOBIL ....

ZUHAUSE#...

ARBEIT #..

FAX..

EMAIL..

NAME...

ADDRESSE..

....

MOBIL ....

ZUHAUSE#...

ARBEIT #..

FAX..

EMAIL..

NOTIZEN:

NAME...

ADDRESSE...

....

MOBIL ....

ZUHAUSE#..

ARBEIT #..

FAX...

EMAIL...

NAME...

ADDRESSE...

....

MOBIL ....

ZUHAUSE#..

ARBEIT #..

FAX...

EMAIL...

NAME...

ADDRESSE...

....

MOBIL ....

ZUHAUSE#..

ARBEIT #..

FAX...

EMAIL...

NOTIZEN:

NAME..

ADDRESSE...

....

MOBIL ....

ZUHAUSE#..

ARBEIT #...

FAX...

EMAIL..

NAME..

ADDRESSE...

....

MOBIL ....

ZUHAUSE#..

ARBEIT #...

FAX...

EMAIL..

NAME..

ADDRESSE...

....

MOBIL ....

ZUHAUSE#..

ARBEIT #...

FAX...

EMAIL..

NOTIZEN:

NAME..
ADDRESSE..
....
MOBIL ....
ZUHAUSE#..
ARBEIT #..
FAX...
EMAIL...

NAME..
ADDRESSE..
....
MOBIL ....
ZUHAUSE#..
ARBEIT #..
FAX...
EMAIL...

NAME..
ADDRESSE..
....
MOBIL ....
ZUHAUSE#..
ARBEIT #..
FAX...
EMAIL...

NOTIZEN:

NAME...

ADDRESSE..

....

MOBIL ....

ZUHAUSE#..

ARBEIT #..

FAX..

EMAIL..

NAME...

ADDRESSE..

....

MOBIL ....

ZUHAUSE#..

ARBEIT #..

FAX..

EMAIL..

NAME...

ADDRESSE..

....

MOBIL ....

ZUHAUSE#..

ARBEIT #..

FAX..

EMAIL..

<u>**NOTIZEN:**</u>

NAME..
ADDRESSE...
....
MOBIL ....
ZUHAUSE#...
ARBEIT #...
FAX...
EMAIL...

NAME..
ADDRESSE...
....
MOBIL ....
ZUHAUSE#...
ARBEIT #...
FAX...
EMAIL...

NAME..
ADDRESSE...
....
MOBIL ....
ZUHAUSE#...
ARBEIT #...
FAX...
EMAIL...

NOTIZEN:

NAME..
ADDRESSE...
....
MOBIL ....
ZUHAUSE#...
ARBEIT #...
FAX...
EMAIL...

NAME..
ADDRESSE...
....
MOBIL ....
ZUHAUSE#...
ARBEIT #...
FAX...
EMAIL...

NAME..
ADDRESSE...
....
MOBIL ....
ZUHAUSE#...
ARBEIT #...
FAX...
EMAIL...

NOTIZEN:

NAME...

ADDRESSE...

....

MOBIL ....

ZUHAUSE#..

ARBEIT #..

FAX..

EMAIL...

NAME...

ADDRESSE...

....

MOBIL ....

ZUHAUSE#..

ARBEIT #..

FAX..

EMAIL...

NAME...

ADDRESSE...

....

MOBIL ....

ZUHAUSE#..

ARBEIT #..

FAX..

EMAIL...

NOTIZEN:

NAME...

ADDRESSE...

....

MOBIL ....

ZUHAUSE#...

ARBEIT #...

FAX..

EMAIL...

NAME...

ADDRESSE...

....

MOBIL ....

ZUHAUSE#...

ARBEIT #...

FAX..

EMAIL...

NAME...

ADDRESSE...

....

MOBIL ....

ZUHAUSE#...

ARBEIT #...

FAX..

EMAIL...

NOTIZEN:

21

NAME..

ADDRESSE...

....

MOBIL ....

ZUHAUSE#..

ARBEIT #..

FAX...

EMAIL..

NAME..

ADDRESSE...

....

MOBIL ....

ZUHAUSE#..

ARBEIT #..

FAX...

EMAIL..

NAME..

ADDRESSE...

....

MOBIL ....

ZUHAUSE#..

ARBEIT #..

FAX...

EMAIL..

NOTIZEN:

NAME..

ADDRESSE...

....

MOBIL ....

ZUHAUSE#..

ARBEIT #...

FAX...

EMAIL...

NAME..

ADDRESSE...

....

MOBIL ....

ZUHAUSE#..

ARBEIT #...

FAX...

EMAIL...

NAME..

ADDRESSE...

....

MOBIL ....

ZUHAUSE#..

ARBEIT #...

FAX...

EMAIL...

NOTIZEN:

NAME... ...

ADDRESSE.. ...

....

MOBIL ....

ZUHAUSE#... ..

ARBEIT #.. ....

FAX... .

EMAIL.. ...

NAME... ...

ADDRESSE.. ...

....

MOBIL ....

ZUHAUSE#... ..

ARBEIT #.. ....

FAX... .

EMAIL.. ...

NAME... ...

ADDRESSE.. ...

....

MOBIL ....

ZUHAUSE#... ..

ARBEIT #.. ....

FAX... .

EMAIL.. ...

NOTIZEN:

NAME..

ADDRESSE..

....

MOBIL ....

ZUHAUSE#...

ARBEIT #...

FAX...

EMAIL..

NAME..

ADDRESSE..

....

MOBIL ....

ZUHAUSE#...

ARBEIT #...

FAX...

EMAIL..

NAME..

ADDRESSE..

....

MOBIL ....

ZUHAUSE#...

ARBEIT #...

FAX...

EMAIL..

NOTIZEN:

NAME...

ADDRESSE...

....

MOBIL ....

ZUHAUSE#...

ARBEIT #...

FAX...

EMAIL...

NAME...

ADDRESSE...

....

MOBIL ....

ZUHAUSE#...

ARBEIT #...

FAX...

EMAIL...

NAME...

ADDRESSE...

....

MOBIL ....

ZUHAUSE#...

ARBEIT #...

FAX...

EMAIL...

NOTIZEN:

NAME..

ADDRESSE..

....

MOBIL ....

ZUHAUSE#..

ARBEIT #...

FAX...

EMAIL..

NAME..

ADDRESSE..

....

MOBIL ....

ZUHAUSE#..

ARBEIT #...

FAX...

EMAIL..

NAME..

ADDRESSE..

....

MOBIL ....

ZUHAUSE#..

ARBEIT #...

FAX...

EMAIL..

NOTIZEN:

NAME...

ADDRESSE...

....

MOBIL ....

ZUHAUSE#..

ARBEIT #..

FAX...

EMAIL..

NAME...

ADDRESSE...

....

MOBIL ....

ZUHAUSE#..

ARBEIT #..

FAX...

EMAIL..

NAME...

ADDRESSE...

....

MOBIL ....

ZUHAUSE#..

ARBEIT #..

FAX...

EMAIL..

NOTIZEN:

NAME..

ADDRESSE...

....

MOBIL ....

ZUHAUSE#...

ARBEIT #...

FAX..

EMAIL..

NAME..

ADDRESSE...

....

MOBIL ....

ZUHAUSE#...

ARBEIT #...

FAX. ....

EMAIL..

NAME..

ADDRESSE...

....

MOBIL ....

ZUHAUSE#...

ARBEIT #...

FAX..

EMAIL..

NOTIZEN:

29

NAME..
ADDRESSE..
....
MOBIL ....
ZUHAUSE#...
ARBEIT #...
FAX..
EMAIL..

NAME..
ADDRESSE..
....
MOBIL ....
ZUHAUSE#...
ARBEIT #...
FAX..
EMAIL..

NAME..
ADDRESSE..
....
MOBIL ....
ZUHAUSE#...
ARBEIT #...
FAX..
EMAIL..

NOTIZEN:

NAME...

ADDRESSE...

....

MOBIL ....

ZUHAUSE#..

ARBEIT #..

FAX..

EMAIL..

NAME...

ADDRESSE...

....

MOBIL ....

ZUHAUSE#..

ARBEIT #..

FAX..

EMAIL..

NAME...

ADDRESSE...

....

MOBIL ....

ZUHAUSE#..

ARBEIT #..

FAX..

EMAIL..

NOTIZEN:

NAME...

ADDRESSE...

....

MOBIL ....

ZUHAUSE#..

ARBEIT #...

FAX...

EMAIL...

NAME...

ADDRESSE...

....

MOBIL ....

ZUHAUSE#..

ARBEIT #...

FAX...

EMAIL...

NAME...

ADDRESSE...

....

MOBIL ....

ZUHAUSE#..

ARBEIT #...

FAX...

EMAIL...

NOTIZEN:

NAME...

ADDRESSE...

....

MOBIL ....

ZUHAUSE#...

ARBEIT #...

FAX..

EMAIL..

NAME...

ADDRESSE...

....

MOBIL ....

ZUHAUSE#...

ARBEIT #...

FAX..

EMAIL..

NAME...

ADDRESSE...

....

MOBIL ....

ZUHAUSE#...

ARBEIT #...

FAX..

EMAIL..

NOTIZEN:

NAME..

ADDRESSE..

....

MOBIL ....

ZUHAUSE#...

ARBEIT #..

FAX...

EMAIL...

NAME..

ADDRESSE..

....

MOBIL ....

ZUHAUSE#...

ARBEIT #..

FAX...

EMAIL...

NAME..

ADDRESSE..

....

MOBIL ....

ZUHAUSE#...

ARBEIT #..

FAX...

EMAIL...

NOTIZEN:

NAME..

ADDRESSE...

....

MOBIL ....

ZUHAUSE#..

ARBEIT #..

FAX..

EMAIL...

NAME..

ADDRESSE...

....

MOBIL ....

ZUHAUSE#..

ARBEIT #..

FAX..

EMAIL...

NAME..

ADDRESSE...

....

MOBIL ....

ZUHAUSE#..

ARBEIT #..

FAX..

EMAIL...

NOTIZEN:

NAME...

ADDRESSE...

....

MOBIL ....

ZUHAUSE#...

ARBEIT #..

FAX...

EMAIL..

NAME...

ADDRESSE...

....

MOBIL ....

ZUHAUSE#...

ARBEIT #..

FAX...

EMAIL..

NAME...

ADDRESSE...

....

MOBIL ....

ZUHAUSE#...

ARBEIT #..

FAX...

EMAIL..

NOTIZEN:

NAME...

ADDRESSE...

....

MOBIL ....

ZUHAUSE#..

ARBEIT #..

FAX...

EMAIL..

NAME...

ADDRESSE...

....

MOBIL ....

ZUHAUSE#..

ARBEIT #..

FAX...

EMAIL..

NAME...

ADDRESSE...

....

MOBIL ....

ZUHAUSE#..

ARBEIT #..

FAX...

EMAIL..

NOTIZEN:

NAME...
ADDRESSE..
....
MOBIL ....
ZUHAUSE#..
ARBEIT #...
FAX...
EMAIL..

NAME...
ADDRESSE..
....
MOBIL ....
ZUHAUSE#..
ARBEIT #...
FAX...
EMAIL..

NAME...
ADDRESSE..
....
MOBIL ....
ZUHAUSE#..
ARBEIT #...
FAX...
EMAIL..

NOTIZEN:

NAME...

ADDRESSE..

....

MOBIL ....

ZUHAUSE#...

ARBEIT #..

FAX..

EMAIL..

NAME...

ADDRESSE..

....

MOBIL ....

ZUHAUSE#...

ARBEIT #..

FAX..

EMAIL..

NAME...

ADDRESSE..

....

MOBIL ....

ZUHAUSE#...

ARBEIT #..

FAX..

EMAIL..

NOTIZEN:

NAME..
ADDRESSE..
....
MOBIL ....
ZUHAUSE#...
ARBEIT #..
FAX..
EMAIL..

NAME..
ADDRESSE..
....
MOBIL ....
ZUHAUSE#...
ARBEIT #..
FAX..
EMAIL..

NAME..
ADDRESSE..
....
MOBIL ....
ZUHAUSE#...
ARBEIT #..
FAX..
EMAIL..

<u>**NOTIZEN:**</u>

NAME..

NAME...

ADDRESSE..

....

MOBIL ....

ZUHAUSE#..

ARBEIT #..

FAX...

EMAIL...

NAME...

ADDRESSE..

....

MOBIL ....

ZUHAUSE#..

ARBEIT #..

FAX...

EMAIL...

NAME...

ADDRESSE..

....

MOBIL ....

ZUHAUSE#..

ARBEIT #..

FAX...

EMAIL...

NOTIZEN:

41

NAME..

ADDRESSE...

....

MOBIL ....

ZUHAUSE#...

ARBEIT #...

FAX..

EMAIL...

NAME..

ADDRESSE...

....

MOBIL ....

ZUHAUSE#...

ARBEIT #...

FAX..

EMAIL...

NAME..

ADDRESSE...

....

MOBIL ....

ZUHAUSE#...

ARBEIT #...

FAX..

EMAIL...

<u>**NOTIZEN:**</u>

NAME..

ADDRESSE...

....

MOBIL ....

ZUHAUSE#...

ARBEIT #..

FAX...

EMAIL..

NAME..

ADDRESSE...

....

MOBIL ....

ZUHAUSE#...

ARBEIT #..

FAX...

EMAIL..

NAME..

ADDRESSE...

....

MOBIL ....

ZUHAUSE#...

ARBEIT #..

FAX...

EMAIL..

<u>NOTIZEN:</u>

NAME...

ADDRESSE...

....

MOBIL ....

ZUHAUSE#..

ARBEIT #...

FAX..

EMAIL...

NAME...

ADDRESSE...

....

MOBIL ....

ZUHAUSE#..

ARBEIT #...

FAX..

EMAIL...

NAME...

ADDRESSE...

....

MOBIL ....

ZUHAUSE#..

ARBEIT #...

FAX..

EMAIL...

NOTIZEN:

NAME..

ADDRESSE...

....

MOBIL ....

ZUHAUSE#...

ARBEIT #...

FAX...

EMAIL..

NAME..

ADDRESSE...

....

MOBIL ....

ZUHAUSE#...

ARBEIT #...

FAX...

EMAIL..

NAME..

ADDRESSE...

....

MOBIL ....

ZUHAUSE#...

ARBEIT #...

FAX...

EMAIL..

NOTIZEN:

NAME..

ADDRESSE...

....

MOBIL ....

ZUHAUSE#..

ARBEIT #..

FAX...

EMAIL...

NAME..

ADDRESSE...

....

MOBIL ....

ZUHAUSE#..

ARBEIT #..

FAX...

EMAIL...

NAME..

ADDRESSE...

....

MOBIL ....

ZUHAUSE#..

ARBEIT #..

FAX...

EMAIL...

NOTIZEN:

NAME...

ADDRESSE...

....

MOBIL ....

ZUHAUSE#...

ARBEIT #..

FAX..

EMAIL...

NAME...

ADDRESSE...

....

MOBIL ....

ZUHAUSE#...

ARBEIT #..

FAX..

EMAIL...

NAME...

ADDRESSE...

....

MOBIL ....

ZUHAUSE#...

ARBEIT #..

FAX..

EMAIL...

NOTIZEN:

NAME...

ADDRESSE...

....

MOBIL ....

ZUHAUSE#...

ARBEIT #...

FAX..

EMAIL...

NAME...

ADDRESSE...

....

MOBIL ....

ZUHAUSE#...

ARBEIT #...

FAX..

EMAIL...

NAME...

ADDRESSE...

....

MOBIL ....

ZUHAUSE#...

ARBEIT #...

FAX..

EMAIL...

NOTIZEN:

NAME..

ADDRESSE..

....

MOBIL ....

ZUHAUSE#...

ARBEIT #...

FAX..

EMAIL..

NAME..

ADDRESSE..

....

MOBIL ....

ZUHAUSE#...

ARBEIT #...

FAX..

EMAIL..

NAME..

ADDRESSE..

....

MOBIL ....

ZUHAUSE#...

ARBEIT #...

FAX..

EMAIL..

NOTIZEN:

NAME..

ADDRESSE...

....

MOBIL ....

ZUHAUSE#..

ARBEIT #..

FAX...

EMAIL..

NAME..

ADDRESSE...

....

MOBIL ....

ZUHAUSE#..

ARBEIT #..

FAX...

EMAIL..

NAME..

ADDRESSE...

....

MOBIL ....

ZUHAUSE#..

ARBEIT #..

FAX...

EMAIL..

NOTIZEN:

NAME..

ADDRESSE...

....

MOBIL ....

ZUHAUSE#...

ARBEIT #..

FAX...

EMAIL...

NAME..

ADDRESSE...

....

MOBIL ....

ZUHAUSE#...

ARBEIT #..

FAX...

EMAIL...

NAME..

ADDRESSE...

....

MOBIL ....

ZUHAUSE#...

ARBEIT #..

FAX...

EMAIL...

NOTIZEN:

NAME...

ADDRESSE..

....

MOBIL ....

ZUHAUSE#..

ARBEIT #...

FAX...

EMAIL..

NAME...

ADDRESSE..

....

MOBIL ....

ZUHAUSE#..

ARBEIT #...

FAX...

EMAIL..

NAME...

ADDRESSE..

....

MOBIL ....

ZUHAUSE#..

ARBEIT #...

FAX...

EMAIL..

NOTIZEN:

NAME..

ADDRESSE...

....

MOBIL ....

ZUHAUSE#..

ARBEIT #...

FAX..

EMAIL...

NAME..

ADDRESSE...

....

MOBIL ....

ZUHAUSE#..

ARBEIT #...

FAX..

EMAIL...

NAME..

ADDRESSE...

....

MOBIL ....

ZUHAUSE#..

ARBEIT #...

FAX..

EMAIL...

NOTIZEN:

NAME..
ADDRESSE...
....
MOBIL ....
ZUHAUSE#...
ARBEIT #...
FAX...
EMAIL..

NAME..
ADDRESSE...
....
MOBIL ....
ZUHAUSE#...
ARBEIT #...
FAX...
EMAIL..

NAME..
ADDRESSE...
....
MOBIL ....
ZUHAUSE#...
ARBEIT #...
FAX...
EMAIL..

NOTIZEN:

NAME..

ADDRESSE...

....

MOBIL ....

ZUHAUSE#...

ARBEIT #...

FAX...

EMAIL..

NAME..

ADDRESSE...

....

MOBIL ....

ZUHAUSE#...

ARBEIT #...

FAX...

EMAIL..

NAME..

ADDRESSE...

....

MOBIL ....

ZUHAUSE#...

ARBEIT #...

FAX...

EMAIL..

NOTIZEN: